Abderrazak Kouaouci

Bateaux de nuit

Abderrazak Kouaouci

Bateaux de nuit

Éditions Muse

Imprint

Cover image: www.ingimage.com

Publisher:
Éditions Muse
is a trademark of
Dodo Books Indian Ocean Ltd. and OmniScriptum S.R.L publishing group

120 High Road, East Finchley, London, N2 9ED, United Kingdom
Str. Armeneasca 28/1, office 1, Chisinau MD-2012, Republic of Moldova, Europe
Printed at: see last page
ISBN: 978-620-4-96372-3

Dédicace

à ma femme Wassila Zidi...pour mes enfants...tous Ali, Khaola, Keltoum, Chékib, Lotfi et Anes...

Bateaux de nuit…

(Recueil de poésie de Abderrazak kouaouci Algérie)

1)

C'est comme ça

Souvent on n'a pas ce que l'on mérite
Dans l'ordre établi ….
On est catapulté au gré du hasard
Sur la rive de la faillite
Ou sur celle des nantis …
C'est dramatique et souvent …
On se fait du mauvais sang
A vouloir tout changer …

Et bien souvent on se casse les dents
Entre les deux rives…
Il arrive que le désordre vocifère …
Et que beaucoup prennent peur
Mais juste quelques temps
Juste un petit manque
De bonnes intentions

Et l'ordre …
L'ordre
L'ordre flotte à renouveau…
Ça a été toujours ainsi …
Depuis le lever des couleurs
Depuis le temps …

Depuis qu'un bout de singe
Faible et ambitieux
Rompit ses maladresses en rouspétant
De toute sa peur, de toute sa misère
Désespérant toute l'assistance
Et toutes les guenons et tous les singes réunis
Crurent un bon bout de temps
Que le singe qu'ils méprisaient
Était en fait …Dieu …

Et l'ordre fut établi …
Rien que par d'inintelligibles arguments
Le petit singe signa tous ses maigres
Avoirs…
Et finit par avoir de bien plus grands …

L’ordre n’a jamais été toute la vérité
L’essentiel et le plus important
Dans toutes les histoires…
C’est de rêver en toute sincérité
Aimer à perdre haleine
Connaitre les étoiles
Essayer d’être juste
Ne jamais vieillir
Et rester un enfant …

Abderrazak kouaouci

2)

Iront loin …

Ira loin …
Ira au paradis
Ira le premier…
Celui qui dans sa vie
Courut comme un chien
De coin en coin
Sans pouvoir néanmoins
Chanter le moindre refrain
Entonner
La moindre sérénade …
Pour une quelconque marie …
Pour une quelconque
Shéhérazade…

Iront bien …
Iront au paradais
Iront les premiers
Les laiderons et les folles
Les pas beaux et les drôles

Iront surtout …
Surtout les gueux …
Surtout… surtout
Tous les lépreux …

Ira…
Ira loin
Et n'ira pas en enfer
Celui qui dans sa vie
Chanta tous ses étés
Dormit tous ses hivers…
Et seront bien lotis
Et seront au vert
Ceux qui déjà …
Parfois d'ici
Parfois de là …
Et jusqu'à la fin de leur vie
Ne connaissent pas l'enfer …

Ira,
Ira en entier,
Ira en enfer

Celui qui dans sa vie
Ne commit que du tort ...
Parce qu'il en fut ainsi
Ou parce qu'il était fort...

Ira,
Ira au paradis
Celui qui dans sa vie
Ne quitta point sa vigne
Pour d'autres chèvres
Ou pour d'autres collines...

Ira,
Ira lui aussi,
Ira au paradis
Celui qui dans sa vie
Ne quitta point son îlot
Sur un improbable canot
Chercher l'amour...

Alors que le plus beau
Alors que le plus chaud...

Lui chantait bonjour…
Jour après jour…
Jusqu'au jour…
Ira,
Ira au paradis
Celui qui dans sa vie
Ne blâma jamais son père
Ne frappa jamais sa mère
Ira…ira au paradis…
Celui qui ne fut jamais corrompu…
Par les villes et les rues
Les ruelles et les dédales …
Qui chantent en vain
Et qui respirent mal…

Iront,
Iront en enfer
Les médiocres et les faussaires
Les putains et les mégères…
Celles qui prennent tout…
Et les hommes et les sous
Celles qui nous font attendre …

Celles qui n'ont pas de cœur
Celles qui renient le tendre
Celles qui font peur…

Ne verront jamais
Jamais le paradis…
Les lâches et les grosses
Ceux qui sentent mauvais
Ainsi que les rosses …
Et surtout tous les cocus
Peut-être aussi quelques pendus
Mais surtout, surtout
Tous les fessus …

Abderrazak kouaouci

3) J'en veux …

J'en veux aux nuits tueuses d'étoiles
J'en veux aux sombres matins
J'en veux aux rudes automnes
J'en veux aux ternes printemps
J'en veux à la désinvolture des faux jours
J'en veux aux mensonges des Saisons…
J'en veux à l'injustifiable misère
Qui s'étale et qui prend place
Jusqu'en nos cœurs
Jusqu'en nos maisons …
J'en veux aux émirs blasphémateurs
J'en veux aux faux Aladin
J'en veux aux sergents sanguinaires
Qui persécutent les enfants
J'en veux aux destructeurs
Qui nous invente les guerres
J'en veux à leurs bombes
J'en veux à l'atome …
J'en veux à sa folie certaine
J'en veux aux lendemains incertains…

J'en veux aux intolérantes
J'en veux aux peaux insolentes
J'en veux aux fauves corrompus
J'en veux à l'injustice
J'en veux aux juges …
Quand ils envoient à la potence
La pauvre innocence…
Et quand ils distribuent leur clémence
A des gens bien …
J'en veux à la fripouille
De sur terre et de sur mer
Et Jusqu'à Jupiter …
Jusqu'à Mars et ses environs …

J'en veux à ma peur…
J'en veux à ma douleur
J'en veux à ma triste vie …

Abderrazak Kouaouci

4)

Je reviendrais …

Noir de mes jours
Dépliant d'exil
Parcours misérable
Mal odieux…
Je me sauverais

Pierres sur pierres
Pierres sur mes paupières
Pierres mortuaires
Silence de blessures
Je me révolterais …

Jour de mes jours
Jours en printemps
Jours d'avec l'amour
Tendresse absolue …
Je reviendrais …

Salaire de mes peines
Salaire inopportun…

Tu tombes à vide…
Détestable retardateur
Je ne te toucherais point …
Je m'absenterais …

Trou de décadence
Fumée de violence
Mythes entretenus
Tigres en papier …
Je vous brûlerais

Amour boiteux
Conviction chancelante
Ardeur de cimetière
Mensonge pourri
Je démentirais …
Chaussée glissante
Masse dérapante
Main tendue…
Parapet inouï…
J'y croirais …

Abderazak Kouaouci

5)

Je ne sais plus…

Je ne sais pas si les hirondelles…
Vont revenir cette année…
Je ne sais pas si les dégels…
Vont s'approprier les grands Glaciers…
Je n'en sais rien…je ne sais plus…
Et la baleine bleue… et les ours blancs…
Et les Îles Sous-le-Vent…et celles
Qui tiennent bon…

Qu'adviendra-t-il de la terre…
Que tomberait-il des Cieux…
Des zébus
Des moustachus…
Des trucs inconnus…
C'est troublant…ça fait peur …

C'est hallucinant…et mortifère
Pauvre Terre… nourricière …
On ne peut rien contre ces bandits…

Contre ces cocus…

Ces militaro-narco-malfaiteurs…

Abderrazak kouaouci

6)

A Napoli…

Une souris
Qui m’a souri …
Et j’ai souri…
Ce qui m’a pris
Tous mes poireaux
Tous mes radis…
Et tout le blé
Que j’ai mis de côté…

Une souris …
Et je n’ai pas souri…
Et j’ai trébuché…
Sur une chauve-souris…
Qui ma pompé…
Tout mon fric…
Avec technique
C’était tellement chic…
Que je reviendrais…
Bien volontiers…

Une souris …
Au bois de Vincennes
Dans les Cévennes
Au bois de nuit
A Napoli …

Au bois de Boulogne
La parisienne
Au bois de Rome
En Géorgie
Au bois là-bas

A Tripoli …
Des gens m'ont vu
Et se sont dit
Quel drôle de gnou
Quelle histoire
Et de quelle façon
Ce salopard …
Cet obsédé
De vadrouillard …

Abderazak Kouaouci

7)

Madame …

Madame en beau corps
Le corps mal aimé…
Madame aux yeux de tristesse
De caresses et d'incendie
Qui dépassaient ma largeur
D'une profonde hauteur
Et j'étais en sincère torpeur
Votre jardinier …
Je vous aimais …
Je vous aimais dans tout mon corps
Je vous aimais au plus fort
Plus fort que mon cœur
Mon cœur de paysan
Attaché à la terre …terre
Et au bris des saisons …
Dans ma cabane d'alors
Souvent je débordais …

Je rêvais énorme

Je rêvais incongru
De vos yeux et de votre corps
De vos secrets et d'autres choses
Encore …
Encore et encore
Encore et sans retenue …

Je rêvais, je rêvais de vous…
Je vous mettais à terre
Je vous mettais à nue …
Je vous faisais l'amour
Et vous m'imploriez …

Je palpitais de chair
Je palpitais de folie
Je palpitais adultère
Si bien qui j'ai fui …

Bien des années ont passé …
Bien des années que j'ai mal au cœur
Bien des années de nostalgie
Bien des années depuis ma peur …

Et j'ai un peu vieilli ...
Dans un étrange potager
Dans étrange misère ...
Et si ce n'était votre jardin
Et si ce n'était mon désert
Jamais je ne serai revenu comma ça...
Jamais de plein chagrin
Jamais en profond hiver ...

Mais ...
Je ne vous reconnais plus
Madame...
Quel est ce déversement
Quel est cette obésité...
Quel est ce drame...
Madame... !

Mais vos yeux ...
Et leur douce douleur ...
Vos yeux doux...accusateurs

C’est sans doute lui …
Il vous a corrompu
Comme il a pu …
Il vous a eu
Jusqu’ à la moelle épinière …

Voter officier de mari
Voter attaché-militaire
Bon à jeter chez les cocus
Bon à jeter à la guerre …

Vous auriez dû prendre amant
Vous n’êtes plus comme hier …
Vous n’êtes plus comme avant
J’aurais dû changer d’air
Je ne vais plus rêver
Je vais oublier
Je vais enfin céder
A une menue jardinière

Abderrazak Kouaouci

8)

Les oiseaux de Provence…

A la rue d'été
A la rue de Provence
A la rue de la bonté
A la rue de l'insouciance
A la rue de la vie …
Quand elle fleurit
Quand elle sourit
Quand elle frémit…
Et quand elle danse…

A la rue d'été…
En ciel de Provence
Quand les oiseaux sont bleus
Quand ils sont peints au mieux
Et quand ils s'élancent
Dans un ciel radieux
D'or et de blé
De blé et de pureté
Que ça vaut bien Byzance …

Abderrazak kouaouci

9)

Cœur gros …

Que de délires
Que de remous…
Que de promesses …
Qui n'ont jamais pu tenir
Qui n'ont jamais su finir
Dans mes mains tremblantes
Des mains glissantes …
Désespérantes …

Sauf …
Quelques petits nuages
Quelques petits bagages
Quelques tièdes instants …

Que de voyages
Que de naufrages
Sur des jetées douteuses
D'îles en virage
Au large de la solitude
Au large de la nuit …

Que de violence
Que d'orages…

Je me promets…
J'augure et je m'engage
Que dès les prochaines lunes
Que dès les prochaines pages…
Je ne serai plus l'otage
Des comptoirs à vins…
Anthropophages …
Je me promets
J'augure Et je m'engage …
Quitte à poignarder mon cœur …
Quitte à le mettre en cage …

Que de peinture
Que de prouesses
Que de tromperie
Que de maladresse …
Et que d'aventures…
Dans de nouveaux sentiers…

Des sentiers inconnus …
Tout en fleurs
Tout en dédain…
Tout en pleurs…
Tout en câlin…

Les sentiers juvéniles…
Et les nouveaux voisins
Mais les nouveaux clivages…
Et les rêves d'outre vent
Mais les nouveaux feuillages…
Mais nouvel amour
Sur mauvais pied
Mais bel amour
Trop décalé …

Mais c'est trop tard
Mais c'est fini…
Plus de voyages
Plus de promesses
Plus d'étoiles…
Plus de captivité ...

Mon cœur en vieillesse
Je ne peux qu'oublier
Les paysages lointains …
Des chansons mystérieuses

AbderrazakKouaouci

10)

Sans suite

Le feu s'éteint
Le vent s'endort
L'amour s'en va
L'amour est mort

Tes yeux me quittent
Nos yeux s'évitent
Nos s'invitent
A oublier …

Notre fuite s'effrite
Un peu trop vite
Juste une chanson
Une petite saison …

Juste un peu de temps
Volé …
Sur une plage d'été
Au bleu adultère …

Nos cœurs s'incitent
Nos cœurs hésitent
A prendre mot …
C'est la fin sans suite
D'un amour inopiné

Monté
Par les vagues subtiles
D'un festival marin…

Abderazak Kouaouci

11)

La pluie

La pluie …
La pluie qui se déverse
Me renverse …
Et dans mon cœur
Et dans mon âme
Ça me traverse …

Et à chaque averse
J'ai l'impression
Qu'un nouveau monde émerge …
Tout beau… et toute cette eau
En concerto…et le ruisseau…
Mais quel tableau... !

Une très belle chanson
Que seuls toi et moi …
Que seuls toi et moi reprennent
Que seuls les gens bien
Comprennent…

Non ce n'est pas la foire…
Ce n'est point le trottoir…
C'est la vie…
Ma chérie…

La pluie …
La pluie lave de tout soupçon
La pluie qui me ramène
Toujours à la raison
La pluie qui me ramène toujours
En arrière …
Quand j'avais vingt ans …
Quand j'avais tout le temps
Raison…
Quand mon cœur n'avait pas de
Temps…

Abderrazak kouaouci

12) _______

Quand je Pense…

Quand je pense
A mon enfance
Mon cœur danse
Et je m'enfonce …
Dans des dessins
De gros lapins
Et les oiseaux
Sur les sapins…
Sur les roseaux
Chantant des heures
De tout leur cœur
Et le bonheur
Qui m'envahit …

Quand je pense
A l'innocence
De mes quoi ?
Et des réponses …

J'étais le Roi
C'était Byzance …
Quand je pense
A la bienveillance
De mes parents
Et des couleurs …
De mes parents
Et dans mon cœur …
C'était tout blanc
Comme des bonbons…
Comme un gâteau d'anniversaire
C'était si blanc
Comme les cheveux
De grand – maman
C'était en vert
Comme de beaux yeux
Comme ceux de ma mère
C'était en vert …
Comme la prairie et la prière …
Il y avait du sang
Comme le martyr …

Comme l’innocent
Qui a dû partir …
C’était si bien …
Et d’innocence
C’était si bien
Et d’importance …

Abderrazak Kouaouci

13)

Une ville …

Les villes…
Qu'elles soient grandes ouvertes
Elles sont bien fermées …
Qu'elles aient les charmes d'une sainte …
Ou qu'elles soient toutes en folie…
Les villes ne sont en fait
Que des prostituées …

La ville
Ça me met en émoi …
Ça me met hors de moi
Ça m'écrase de tout son poids …
Ça me torture …
Ça me fait souffrir
Ça me fait pourrir …
De plaisir …

La ville
Ça me fait compter

Mes quatre sous …
A chaque instant
A chaque impasse
A chaque tournant
Dans chaque garage …
La ville …
C'est par les coûts …

La ville …
Plus c'est grand
Et moins c'est beau
Plus c'est petit …
Plus c'est gros…
Comme le ragot…

Les villes …
Même blanches
Elles sont étranges
Même franches
Elles sont retenues
Entre corruptions
Médiocrité

Et bidonvilles
Les villes …
C’est toujours en escalier …

Une ville …
Qu’elle soit stérile
Ou stérilisée
Qu’elle soit prometteuse
Ou qu’elle soit promue
Qu’elle soit originale
Ou jumelée …
La ville ne donne
Que ce qu’elle a en excès …
De pleins étages de nostalgie
Et à tour de citadins et à tour de rues
La ville distribue du stress

Dans du papier colère
Au goût amer
D’une vie démolie …

La ville

C'est comme la prison
C'est une malédiction …
Ça ronge et ça démange
Ça empêche de se secouer …
La ville m'empêche de décamper

La ville
Qu'elle soit criarde
Ou modérée …
La ville n'arrête pas de couillonner

La ville
C'est par des impressions …
Ça hante de solitude
Ça tue d'habitude …

La ville
Ça halète
Plus que ça ne respire …
La ville hésite à dormir

La ville …

Ça donne envie de démissionner …

Une ville …
Je vais chialer…
Je vais courir
Je vais ruer
Je vais partir
Je vais hurler
Je vais vomir
La ville …
Je n'en peux plus …
Je veux mourir …

Abderrazak kouaouci

14)

Un chien …

Je suis un chien errant
Et je cherche une chienne…
Une chienne qui ne répond à aucun nom…
Une chienne que je n'ai jamais vue…
Mais qui doit sentir le printemps
Ressembler au soleil...
Et qui m'ira comme dans un gant
Comme dans un lit…
Qui m'ira comme à merveille…

Je suis un chien éperdu
Et de rue en rue
Et de part en part
Je l'ai cherché en vain
Je l'ai cherchée un peu tard …
Mais je suis certain
Qu'au jour de tous les chiens
Le jour de saint hasard
Moi, je la retrouverai…

Je serai son chien
Elle sera ma chienne
Je ferai si bien
Qu'elle sera ma reine …

Je suis un chien de cœur
Sans amour et sans peur
Un chien un peu fou
Et dans mon for intérieur
Je crois qu'elle m'a brisée …
Depuis que je la cherche partout
Depuis que je suis ailleurs…
Depuis que je pisse mou
Depuis que je pleure…

Je suis un chien battu
Depuis que dans mon infini chagrin
Depuis que dans ma profonde misère
Depuis que je reviens de loin
Depuis le bout de la terre
Sans retrouver Manon

La Lescaut de mon cœur …

Je suis un chien abattu…
Un chevalier errant
Sans amour et j’ai peur …

Abderrazak kouaouci

15)

Un nuage

Tout blanc
Tout rond
Et qui me prend …
Dans son sillage …
Il se fait train
Il se fait chien
Il se fait bien …
Un beau mirage …

Un nuage
Tout haut …
Là-haut
Pas beau
Pas chaud…
En veste noire
Là- haut
Là- haut …
Comme un bateau
A fleur de peau
A fleur de plage

S’ennuie déjà
Dans son rivage …
Là-haut
Là-haut …
Le bel orage …

Un nuage …
Qui était sage
Comme une image
Devient soudain
Toute chose
Et me propose
Un bain divin…
Une pluie d’amour

Un nuage
Là-bas
Là-bas …
Sur mon cottage
Et bouge
Et louche

Sur mes amours …

Ce n’est pas comment …
Ce n’est ni toi
Ce n’est ni moi …
Et C’est comme ça …
Et tu t’en vas …
Je ne sais pourquoi
Sans tes bagages

Abderrazak Kouaouci

16)

Un jour …

Un jour de folie suprême
Tu flambes tout ce qui t'est cher …
Et tes amarres sacrées
Et tous tes amis
Tu voles alors de ton propre feu
Vers une destination inconnue …
Une prison infernale
Sans aucune issue …

Tu ne savais pas …
Tu ne pouvais pas deviner
Que tout cela pourrait t'arriver …
Tu te sens tellement accablé
Et tellement acculé

Que tu ne peux plus revenir
Que tu ne peux plus reculer …
Tu penses alors à en finir
En poignardant le temps …

Discrètement …
Tu épaules solitude et ta peur
Et tu décides de partir
Pour ne plus revenir …
Aux cendres de ton destin …

Souvent tu t'en vas effectivement …
Drapé dans ton silence
Un bouquet de remords
Dans tes yeux stupéfaits …
Moi je dis
Et je le crie fort …
Que tu as eu tort
De partir ainsi …

Car même si on a tout perdu
Il nous reste à reculer
Il nous reste tant à gagner
Pour une meilleure arrivée…

Tu aurais pu…
En déroulant tes souvenirs

En les restaurant parfois …
Te saisir d'un petit détail
Qui est en fait
Un énorme appel
Une immense raison
Pour ressusciter ….

Abderrazak kouaouci

17)

Titi…

Garde ma pêche mon ami…
Garde la pêche mon pote
Garde la pour moi…
Et même si tu ne vas pas la garder
Pour longtemps…
Peut-être quelques nuits…
Ou quelques instants…
Et au moindre office…
A la moindre Clarisse
Tu m'enverras balader…

Je sais…
Mais entretemps…
Je garde toute mon ardeur…
Avant de te brader…
A la première note…
A la moindre faute…
Je te balancerais…

Comme tu l'as toujours fait…

Ne garde pas la pêche pour moi
Mon frère…
Ne garde rien pour moi…
Parce que moi je te hais…
De cette haine inébranlable…
Inépuisable…
Pire que celle que tu portes en bandoulière
Pour garder tes arrières…
Pire que celle qu'avait père…pour son frère…
La plus forte que tu puisses émettre
Pire que moi…
Pire que le diable en diable…
Mon frère…
L'inaliénable…

Mais…
Je viens d'apprendre
Que Titi vient de trépasser …
Titi vient de mourir…
A Aboukir…
Il ne s'est pas acclimaté…dit-on
On ne sait pas comment...

Ou par allergie…ou par maladresse
Ou pour une nuit de vin
Et top de caresses…
Une nuit sans fin…
Et il a claqué…
Nul ne saurait comment…

Moi je sais…
Titi gardait la pêche…
Je savais qu'il vendrait la mèche …
A des Gitans…ou des pachtounes
Et mêmes à des scoumounes…
Puisqu'il était sur la dèche…
Et jamais je ne lui en voudrais…
Titi mon pote…Titi mon ami
Titi…
Est mort asphyxié…
Une mort sèche…
Vu qu'il était sur la dèche
Son cœur s'étant arrêté….

Abderrazak kouaouci

18)

Un refrain …

Je connaissais un refrain …
Je le connaissais par cœur
Mais que j'ai perdu soudain…
Et soudains J'ai eu peur …
C'était léger …
C'était d'été
Souvent je le fredonnais
Toujours il me revenait
Quand j'étais en chagrin
Où quand j'avais du bonheur …

Où est donc passé mon refrain
Qu'est-il advenu de mon cœur
Depuis que par mes soins
Je fis mon malheur …
Depuis que je suis ton mari
Depuis que tu es ma femme
Depuis que j'ai quitté mes amis
Et que j'ai perdu mon âme

J'ai perdu le refrain
J'ai perdu les paroles …
C'était très simple mais c'était
Drôle …

C'était à propos de chiens
C'était propos de chèvres
C'était propos à demain
Et à propos de ma fièvre …
J'ai retrouvé mon chemin
Je l'ai retrouvé par hasard
En cherchant mon refrain
Je l'ai retrouvé un peu tard …
A la sortie d'un comptoir à vin …
Dans le lit d'une profonde putain
Peu après mon départ …

Abderrazak Kouaouci

19)

Pourquoi

Pourquoi les départs, pourquoi l'exil…
Pourquoi ton sourire alors que je Pleurais
Pourquoi tant d'amour, pourquoi
M'avoir quitté …
Pourquoi le pardon est si difficile
Pourquoi le temps …
Qui se brise sur nos têtes à chaque pas…
A chaque maison…

Pourquoi ce vide immense…
Pourquoi cette totale absence…
Alors qu'on a tout juste vingt ans...

Pourquoi les folies, pourquoi les
Tempêtes…

Pourquoi les oiseaux brûlés, pourquoi les
Assassins …

Pourquoi doit-on perdre ceux que l'on
Aime

Pourquoi ne perdons-nous que ceux- là
Pourquoi le bonheur ne nous
Appartient guère
Pourquoi n'apparaît-il à nos cœurs
Qu'après …
Quand c'est trop tard… pour s'y
Crucifier...
Pourquoi l'attente affreuse, pourquoi le
Ciel
Incertain...
Pourquoi le sursis humiliant, pourquoi la
Mort
Pourquoi la lune est si radieuse ce soir
Alors que les enfants meurent par
Milliers…
De famine et de blessures…
Dans des pays qui lèvent d'autres
Continents…

Pourquoi la bêtise nous parait-elle bon
Sens
Pourquoi l'indifférence …
Pourquoi les mensonges faussaires
Pourquoi la résignation
Pourquoi ce silence
Pourquoi les faux frères
Pourquoi la trahison…

Abderrazak Kouaouci

20)

Mon frangin…

Tu ne tiens pas de mon père
Mon frère…
Tu ne tiens pas de ma mère
Non plus…
Tu tiens surtout de ta sœur…
Celle qui a tout pris…

Et le blé qu'a laissé mon père…
Ainsi que tout le potager…

Sans parler de la vaisselle tout en or...
De grand-mère…
Sans parler de tout le mal
Et tout le carnaval …
Qu'on a subi…

Tu ne tiens pas de mon père
Mon frère…

Tu ne tiens pas de moi
Non plus…
Tu tiens surtout de ta sœur …
Et vous avez tout pris…
Tout le grenier du père…
Et nos âmes en surplus…

Ne bouge pas frangin …
Mon fusil est entre tes épaules …
Il n'y a plus rien à prendre…
Vous avez tout pris
Ne bouge pas frangin...
Je vais tirer…

Abderrazak kouaouci

21)

Bleu de bleu …

Le bleu ….
Rien que du bleu
Le bleu interminable
Le bleu sans fin
Le bleu sans frein …
Bleu éternel …
Bleu de bleu
Bleu horizon
Bleu dans le ciel …
Bleu divin…

Le bleu…
Le bleu merveilleux
Dans les cœurs insouciants
Le bleu tout nu
Le bleu tout cru…
Le bleu sincère
Le bleu lumière
Sur la splendeur…

De tous les enfants

Le bleu de bleu
Rien que du bleu
Le bleu à outrance
La bleue innocence
Couleur de l'enfance
Bleu chatoyant …

Bleu de bleu
Le bleu en feu
Bleu de tes yeux
Bleu incendiaire
Qui frappe aux yeux
Un bleu odieux…
Tellement, bleu…
Que je meurs
Peu à peu
Et je meurs …
A petit feu …
Bleu en feu
Bleu passion

Bleu destruction…

Totalitaire…

Le bleu …

Bleu de bleu …

Je repense à toi

Je suis aux abois…

Bleu des bleuets …

Sur les chemins d'autrefois …

Les chemins aux fleurs

Le bleu rieur…

Bleu des bleuets

Bleu verset…

Bleu retrouvailles

Bleu vaille que vaille…

Je t'en offrirai un bouquet

Je te redonnerai mon cœur …

Bleu des bleuets

Bleu réconciliateur …

Bleu …

Bleu de bleu
Que ton amour est profond
Que Ton amour est essentiel…
Aussi fort que le vent…
Aussi grand que le ciel …
Bleu de bleu …
Que l'amour est bon
Bleu de bleu…
Que la vie est belle ….

Abderrazak Kouaouci

22)

Grain de grain…

Grain de grain…
Grain de blé
Des grains de blé
Biens dorés…
De beaux grains
Sans défauts
Et sans ivraie…
Chez le meunier…
Qui marche à l'eau…
Et qui se lève tôt…
Avant Margot…

Et même Bardot…
La barjot…
Hormis le ruisseau…
Qui fait le boulot…
Comme l'Escaut
Et de nuit …
Et de jour…
L'eau s'enfuit…

Comme un détour…

Comme un amour…

A bout…

De recommencement…

Comme le bisou…

Et la paresse

Comme l'eau vive

Et la caresse…

Pour aboutir

Chez le meunier

L'artificier…

Un grand futé

L'énergumène…

De grain en grain

De beaux grains

Sans défauts

… Et sans ivraie…

Près du ruisseau

Fils de l'Escaut…Et…

Dame complot…

Grain de grain
Grain de beauté
Grain miracle…
J'ai veillé, nuit et jour…
Jour et nuit…
Sans presque pas d'ennui…
Au grain d'amour
Qu'on a semé…
Dans ce champ…

Ce champ de blé…
Tellement grand
Tellement immense…
Que mon cœur danse
Et je repense…
A notre insouciance…
Mais…
Grain de grain…
Grain de sable…
Pas adorable…
Grain de diable…
Mais, grain de grain

Mais grain de sable
Chamboula
Mes dessous …
Et tous mes sous…
Et de table en table

Et de grain en grain
Grain de sable…
Et je suis seul…
Sur cette meule…
A contretemps …
Dans ce grand champ…
Dans ce désert…
A l'immense joie…
De ton beau-père…

Abderrazak kouaouci

24)

Je voudrais…

Une chanson et des paroles légères
Avec ou sans refrain …
Qui puisse me rendre joyeux …
Un bouquet de primevères
Avec une touche de ton parfum
Cueilli aux champs de tes yeux ….

Un élixir pour gommer mes revers
Annihiler l'océan de liens
Où croupissent mes ultimes vœux …

Un éclair pour sillonner les mers
Voler au soleil toute sa lumière
Toute sa splendeur…

Echouer sous d'autres cieux …
Un beau cheval pour dérouter la terre

Brûler de nouveaux volcans …

Déplumer tous les cauchemars
Oublier tous les adieux…

Abderazak Kouaouci

25)

Le vent…

Ce vent lent…
D'est …
Ou d'ouest
Mais qui se lève
Et qui soulève
Tant de rêves…
Tant de sourires…
Tant de désirs
Et tant de bonheurs…
Ecartelés…pour de bon…

Par beaucoup de contretemps
Par beaucoup de malheur…
Beaucoup de malchance…Aussi…

Ce vent…
Assis…
A demi-fripon…
A moitié accrochant…
Qui me prend
Dans mes cheveux…

Et dans tes yeux…
Pleins de frayeur …

Pleins de larmes…
Qui me désarme…
Moi et tout mon charme
Et dans mon dos…
Et mes boyaux…
Jusque dans ma peau
Je ressens cette fatigue…
Je sens que tout est faux…
Toi et tes intrigues…
Toi et ce vent marin
Qui doit sortir d'un bassin
Un vent anodin…

C'est tout réfléchi…
J'ai une idée de génie…
Moi je me tire…
Pour ne plus revenir…

Abderrazak Kouaouci

26)

Aux chantiers des rêves d'antan ...

Aux chantiers des rêves d'antan ...
J'y construirais un vrai navire
Solide et léger...
Plus rapide que le boutre d'un Emir...
Plus pointu qu'un vizir...
Plus coloré qu'un sultan...

Une voile toute en vent ...
Une voile toute en feu...
Qui me fera tanguer
Sur toute la largeur...
Qui me fera danser
Sur toute la longueur
Des lames océanes...

Et je chanterai au cœur de l'ouragan...

J'irais,
J'irais... j'irais plus loin que le vent
Accoster une autre Amérique ...

Lever une nouvelle chanson …
Il y'aurait de la joie dans mon cœur
Il y'aurait de la joie dans mes yeux
Il y'aurait de la joie sur les flots
Il y'aurait de la joie partout …

J'apprendrais sans trop d'effort …
J'apprendrais avec passion …
Qu'on ne brûle jamais que sous le soleil …
Et que L'amour Bien qu'il soit beau
N'est que le départ d'un grand incendie…
Une grande avarie
Qui durera toute la vie…

Abderrazak Kouaouci

27)

Petite sœur …

Petite sœur de douleur …
Je t'ai brisée par mes tourments…
Ma rigidité féroce
Et mes défis insolents…
Je t'ai tellement cherchée …
Je t'ai tellement inventée
Et j'ai tellement triché …
Que tu ne peux plus me porter…
Je t'ai exténuée …

Petite sœur malade
Je te demande pardon …
Les roses faillent à leurs
Promesses
Le vent n'est pas toujours une belle chanson…
J'ai été trahi par ceux que j'aime …
J'ai été trahi par les enfants
Je suis un vieux clown fatigué
Qui ne sait plus faire les frissons …

J'aurais dû petite sœur ...
Mieux te dorloter
J'aurais pu t'adorer ...
Mais tu n'as jamais existé que dans mon cœur
Tu n'as jamais été que pour moi ...

Petite sœur de bonheur ...
Un de ces jours on partira
Là-haut aux étoiles ...
Egayer le firmament
On s'amusera comme des fous...

Petite sœur de mon cœur ...
Les récalcitrants n'auront rien à redire
Ainsi les que les malheureux ...
Ni même les fous
Ils ne lâcheront pas une minute
Ils ne nous quitteront pas des yeux

Et là-haut ...
Je brûlerai à en mourir
Je leur arracherais les soupirs...

Je flamberai pour de bon …
Comme le ferais
Un bonbon…
Je jouerai…
Comme un canon…
Comme l'astre filant…

Je jouerai pour toi …
Comme dans un tournoi…
Petite sœur des brumes
Allons-nous- en …
Il est grand temps ...
Je me consume…
Tant…

Abderazak Kouaouci

28)

Au Sablier du temps

Au Sablier du temps…
J'y volerais les plus beaux jours
J'y volerais un monde de diamants
J'éteindrais tous les jours de malheurs
J'en ferais des boulettes
Aux extrémités du tapis…
De l'oubli de tous les soucis

J'aurais des tas de merveilles
Des pleines lunes et d'immenses soleils
A déballer…
Je passerais ma vie … à consoler
Tous les pauvres de la terre
Je libérerais tous les malheureux
Je passerais ma vie à semer…les vers
Les plus beaux …
Les plus belles
Et les plus drôles des chansons
Je ferais aimer la vie …

Sur Mars

Et sur la Terre…

Sur Jupiter

Partout…partout…

Et surtout …

Sur ton balcon…

Abderrazak kouaouci

29)

Le diable…

Il n'est pas loin…
Il est tout près…
De mauvais aloi…
Pas du tout aux abois…
Il se prend pour le roi…
Y'a rien qu'à voir mon désarroi…
Il y prend grand soin …

Il est partout
Il court dans mon sang…
Tel un texan…
Tel un cow-boy
Sans laisser passer…
Et sans passeport…

Sans me laisser le temps…
De monter à bord…
Le diable est là…
Il est partout…

C'est en nuées…

C'est en légions…

Avec plein de cousins…

Et de cousines…

De la Ouibérie…

Jusqu'en mer de Chine…

De toi jusqu'à moi…

Et de moi, jusqu'à mes veines…

Et de toi jusqu'à mes peines

Et toutes les sciatiques réunis…

Le diable…l'enfoiré…

C'est mon grand frère…

Et je n'en suis pas fier…

Il est au Canada…

Haha ha !

Abderrazak kouaouci

30)

Quand les loups …

Un loup …
C’est quoi ?
Un voyou …
Un hors –la- foi
Ou une bête
Que rien n’arrête…
Un loup…
Ce n’est pas doux …
Et ce n’est pas tout …
Quand ça croasse
Ça porte poisse
Et fait vibrer
Et lubrifier
Les brebis
Et leurs béliers…

Sans ami
Et sans bâton
Et sans berger

Et sans bouger…
Se laissent tuer…

Même repus …
Et même en nombre
Même tondus
Ils préfèrent l'ombre…
Un homme…
C'est quoi…
C'était un roi
Un dieu en somme
Depuis les pourquoi…
Et depuis Rome…
Un mythe
Un rite
Et qui habite
Depuis Caïn
Depuis la mer
Sur toute la ligne
Depuis Gomère…
Depuis la chine
Sur toute la terre…

Ce n’est pas de chance…
Et beaucoup de malheur…
Et in extrémis
C’est le meilleur …

Abderrazak kouaouci

31)

L'aventurière …

J'ai un beau bateau
Belle écolière…
J'ai un beau bateau …
Le plus preste
Le plus blanc
Le plus au poil…
Le plus rapide
Et le plus beau…

Viens donc à l'aventure… Viens donc à la vie…
Laisse tomber la lecture…
Viens aux écritures
Viens au paradis…

Je sais petite aventurière…
Je ne sais que trop …
Que tu n'as plus de cœur
Que tu l'as perdu sur un radeau

Et que tu n'as plus à rien à perdre
Et moi tant à gagner…

Sur ce quai…sur cet
Embarcadère…
Je sais …
Je ne sais que trop …
Je sais que je ne suis pas beau …

Moi non plus
Je n'ai plus de cœur
Je l'ai laissé dans sa misère
Je n'ai plus de liens…
Et je ne saurais qu'en faire
Je ne tiens plus à rien …
Puisque je tiens sur l'eau…
Sur mon bateau …

Viens vite mon écolière
J'ai un petit bateau …
Je le gonflerai pour toi …
Il sera grand…

Je le dresserai pour toi …

On fera grande voile
On sera voile en feu
On atteindra l'Inde par les étoiles
A travers le firmament

L'océan sera notre pieu…
Notre seul témoin sera dieu…
Je ne te laisserai point …
En maraude…

Avec tes larmes chaudes
Et tes yeux hébétés

On fera de grandes choses…
Des choses et des choses…
Que tu vas tout oublier…
De ta maman jusqu'au surgé…
Et du surgé jusqu'au chef
De ces putains de curés…

J'ai un beau bateau
Petite roturière …
J'ai un beau bateau
Le plus preste…
Le plus blanc
Le plus au poil…
Le plus rapide
Et le plus beau…
Des bateaux…

Abderrazak Kouaouci

32)

Tu reviens …

Apres tant d'années
De misérable solitude
Tu reviens ….
Tu reviens à la charge
Portée par tes démons
Détruire le semblant d'être
Que j'ai signé à la pitié des ans
Et que j'ai décidé de garder …
Et que j'ai décidé de défendre…

Je saurais te convaincre
Que tu n'es plus rien ici
Je saurais t'attendre
Rien ne m'échapperait …
Je saurais me montrer

Je gonflerais ma misère
Je serrerais les dents
Et je ne te verrais point
Et je ne me tromperais plus
J'enverrais mon cœur

J'enverrais mes yeux
Au pays de ma mère…
Chez mes aïeux…
Quand je vivais alors …
Quand tu ne sévissais pas

Viens …
Viens donc croque-mort infatigable
Ange de malédiction …
Viens …
Achever ta sale besogne …
Viens voler mon testament
Viens …
Il y a un mort qui t'attend

Abderrazak Kouaouci

33)

Je dirai…

Je ne le dirai jamais
Et jamais je ne le penserai…
Que le printemps n'est que de la pourriture
En phase de développement
Et que le soleil est un cauchemar …
Je ne dirai jamais
Qu'il est chauffé à blanc
Je ne dirai jamais
Et jamais je ne penserai
Que la gigantesque mer
N'est qu'un déluge de crachats …
Ni que les étoiles posées dans le ciel
Ne sont que des foutaises
Ou de chauves balbutiements …
Je ne dirai jamais
Et jamais je ne penserai
Que le vent…
N'est qu'un fossoyeur inintelligent…
Je ne dirai jamais
Et jamais je ne penserai

Que mes amis…
Ainsi que tous les autres
Ne me disent plus rien…
Mais je dirai seulement
Que l'amour
N'est que de l'amour…
Sans haine et sans façon…
Et je dirai ceci…
Mais je crierai cela…
Je t'aime
Je t'aime
Je t'aime Laura
Reviens …

Abderrazak kouaouci

34)

Je m'en vais

Je m'en vais
Le cœur hanté
Le cœur d'amour
Le cœur en vain
D'amour toujours
Le cœur en train
De se dégonfler
Et plein de rage
En dernière page…

Je m'en vais
A l'entrée
Je m'en vais
A la sortie
Je m'en vais …
Hors du village

Je m’en vais
Le cœur en peine
De peine en peine
Le cœur en loques
Ton cœur en roc…
Je m’en vais
Pour ne plus revenir
Pour te punir …
Briser ta vie
Qui m’a brisé
Blesser tes nuits
Et te détruire…
Je m’en vais
Et sans gémir
Et sans tricher
Je m’en vais
Et sans te faire attendre
Et de ce pas
Je m’en vais me rendre
A l’arbre de la sortie …
Je m’en vais me pendre
Au peuplier de la sortie …

A l'entrée du village …

Abderazak Kouaouci

35)

Un enfant sous la guerre

La guerre a détruit mon village
La guerre a assassiné mon horizon
La guerre a démoli mon cœur
La guerre a enterré mes chansons

Je suis un enfant qui pleure
Abandonné par mes parents
Morts sans le vouloir
Sous une rafale d'obus …
Ils m'ont laissé un tas de cauchemars
Et les ruines d'une maison …
Des chemins d'incertitude
Et des drames permanents

J'ai peur du ciel et de ses bombes
J'ai peur quand il vente
J'ai peur quand il fait beau
J'ai peur du soleil
Ça me rappelle le bonheur

Ça me rappelle mes parents…

J'ai peur de tout ce qui bouge
Et de tout ce qui ne bouge pas …
J'ai peur des hommes …
Chez nous ils sont forts
Chez nous ils sont méchants …

J'ai peur de vous Monsieur …
Vous me souriez
Comme le faisait mon père
Comme le faisait ma mère …
Mais qui me dit Monsieur
Que vous aussi vous ne voulez pas me tuer
J'ai tellement, tellement peur
Peur de mourir…
Chez nous …
Dans mon pays
Là-bas…
Au Mali…

Abderrazak Kouaouci

36)

Le temps …

Le temps qui nous tue
Par ses bouleversements
Par son total mépris …
Pour nos sentiments
Pour ce qu'on aurait aimé
Pour ce qu'on aurait pu tenter
Pour qu'on aurait pu être …
Le temps …
Le temps et ses torts
Les temps traîtres …

Le temps …
Le temps froid imperturbable
Qui nous met en suaire
Qui nous brise de terreur
Et qui nous enterre
Et qui nous banquise dans son cœur …
Le temps …
Les temps vauriens impitoyables

Le temps …
Les temps modernes
Ce n'est vraiment pas louable
Ce n'est pas discutable …
Ça n'a point d'honneur
C'est insaisissable
Même avec de grosses perches
Même avec de gros sous …

Les temps modernes
C'est plus scientifique
Pas très honorifiques
Ça parait moins lourd
Qu'un calambour
Ça parait plus portable
Concevables…
Ça parait léger …
Comme un cri …
Insupportable …
Le temps ….
Les temps modernes
Prompts et ternes…

C’est acéré comme un silo
Comme un bourreau …
De la vraie saleté
Qui n’en finit plus …

Le temps …
Désinvolte, redoutable
Ça monte et ça vire
Ça vire
Et ça se retire
Sans tendre la main
Et sans avertir …
Les temps modernes
Ça court pleinement …
Le temps …
Le temps qui s’empresse
Et qui nous presse…
Les temps modernes …
Qui nous oppresse …
Le temps …
Les temps d’autrefois …
Ça forçait la mer

Ça étirait la terre
Et les étoiles
Tout là-haut
Paraissaient alors
Des pays en or
Qui faisaient la fête
Et qui ignoraient le temps …

Le temps …
Les temps d'autrefois
C'était simple
Et c'était beau
A la course des petits bateaux
Aux petites folies
A Aurélie
Et les petits châteaux…

Le temps …
Le temps dédaigneux …
Qui efface nos traces
Jusqu'en nos grimaces …

On ne se souvient jamais
Que de quelques heures
Que de quelques nuits
On ne se souvient tout juste
Que de quelques temps …

Abderrazak kouaouci

37)

J'attends…

Dans mon impénétrable solitude
Le cœur éteint
Les yeux écorchés
La vermine me déborde …
La vermine de toute mon âme
La vermine de partout …
J'attends …
J'attends depuis que je suis là
J'attends depuis l'éternité ….

Quand le soupir de l'horizon
N'est plus qu'un tas de vomissure
Quand le soleil
N'est plus qu'un cauchemar chauffé à blanc
Quand le vent
N'est plus que harcèlement et impertinence
Quand la pluie
N'est plus qu'une maladie …
Quand la mer

N'est plus qu'un déluge de crachats
Quand les étoiles
Ne sont plus que de jaunissantes foutaises
Quand les printemps
Ne sont plus que des développements de pourriture
Quand l'amour
N'est plus qu'un fossoyeur intelligent
Quand les autres sur la terre
Ne rappellent plus que d'étranges grincements

Quand la vie
N'est plus qu'un lent et maléfique frisson ...
Quand on n'est qu'un mort
Un mort qui attend ....

Abderrazak kouaouci

38) Ma tête…

Oh que tant d'Aladin…
Oh que tant de Sindbad...
Oh que tant de bédouins
Oh que tant de Shéhérazade...
Tous passés au peigne-fin…
Tous passés au pète-têtes…
Avec témoins et sans pépins…
En présence du vice-roi…
En présence du Grand Vizir…
En présence du Muezzin
Du jusqu'au-bout…
Et du Fakir…
Le chef des espions
De l'Emir

L'Emir…
De la tribu des coupe-chemins
La tribu
Des grands-déserts…
Magnat

Des huiles essentielles…
De tous les pétroles.
Tous les pactoles…
Et toutes les gazoles…
Réunies…
Ce jour-là…
Un eunuque mal aimé
Rapporta à l'Emir que sa préférée
Du harem de la haute-cour
Le cocufiait nuit et jour
Et de jour et de nuit
Avec le vizir….
L'Emir était en colère
Et tous les turbans ruisselaient.
De peur et de sueur…
Et le Vizir fut décapité…

Les têtes commencèrent à valser…
Moi je n'ai eu ma chance
Que grâce à mon turban de grand sorcier…
Abderrazak kouaouci

39)

Malédiction …

Deux sorcières et un minuscule verger
Là… dans le centre du désert
Entre le feu et la terre …
Deux atrocités à couper l'envie …
D'être, de renaître ou de supposer…
Acculé …

L'espoir n'ose plus me frôler
Je ne peux plus me sauver
Je n'ose même pas y penser
Elles m'ont complètement anéanti …
Deux hideuses que je me suis inventé
Pour mon malheur peut-être…
Par ma spontanéité …

Dans mon pourrissoir, de soleil submergé
Un soleil anormal
Un soleil passionné

Qui me fait la guerre
Comme si j'étais
L'unique damné de la terre
Dans ce désert maudit

Deux sorcières toutes griffes dehors
Leur va et vient est permanent …
Aucune trêve, aucun relâche
Du pourrissoir à la masure
Et de l'ignoble puits à la clôture

Et de jour
Et de nuit
L'enfer ne doit pas être pli vif
J'en suis résolu …
Je ne sais plus crier
Elles se sont débarrassées de ma voix
Mais je hurle avec mes yeux
Je scande des tonnerres de silence
J'ai imploré le bon dieu …

Mais pas moyen d'arrêter la cadence …
Je connais leurs visées
Elles veulent me décomposer
Pour engraisser ma terre
Qui ne donne que des fruits nains
Je suis condamné, c'est trop tard …

Deux maudites sorcières à qui j'ai offert
Mon pain et mon destin …

Abderrazak Kouaouci

Table des matières

Printed by Books on Demand GmbH, Norderstedt / Germany